# DISCOURS

PRONONCÉS

LE 28 JUIN 1877, A BONIFACIO

SUR LES RESTES MORTELS

DE

## M. Mathieu-Pierre-Auguste RECCO

Élève de Rhétorique

AU COLLÉGE FESCH D'AJACCIO

AJACCIO
IMPRIMERIE JOSEPH POMPEANI

1877

# DISCOURS

PRONONCÉS

LE 28 JUIN 1877, A BONIFACIO

SUR LES RESTES MORTELS

DE

# M. Mathieu-Pierre-Auguste RECCO

Élève de Rhétorique

AU COLLÉGE FESCH D'AJACCIO

AJACCIO
IMPRIMERIE JOSEPH POMPEANI

1877

# DISCOURS

*PRONONCÉ*

## Par M. FRANÇOIS ABBATUCCI.

Messieurs,

Il me sera peut-être difficile de surmonter, ne fut-ce que pour un instant, la vive émotion que j'éprouve en présence de ce cercueil. Mais j'ai un devoir sacré à remplir et Dieu me donnera la force de dire un suprême adieu à celui qui fut le meilleur et le plus sincère des amis.

Mathieu Recco, né à Ajaccio en 1857, avait fait ses classes au collége Fesch d'Ajaccio — intelligent et studieux, tout semblait lui présager un avenir brillant, lorsqu'un mal, peu sérieux au début, est venu tout-à-coup l'arrêter au milieu de ses chères études et le condamner au repos le plus absolu. Doué d'une énergie peu commune il se résigna sans perdre courage et confiant dans sa jeunesse, dans les bons soins que lui prodiguait sa famille, il ne perdit jamais l'espoir de retourner un jour à ses études, seule chose qu'il regrettait d'avoir été obligé d'abandonner.

Moi qui fus l'ami assidu de Mathieu Recco, moi qui ne l'ai jamais quitté durant tout le cours de sa longue et douloureuse maladie, je puis, mieux que personne, parler de ses constantes préoccupations et des espérances qu'il ne cessait de fonder. Il n'avait qu'un regret : ses études abandonnés ; il n'avait qu'un désir : se remettre avec ardeur au travail, se créer ainsi un avenir qui lui semblait assuré, et rendre heureux son père dont l'amour immense pour son fils ne peut avoir d'égal que l'immense douleur qui l'accable aujourd'hui. Mais hélas ! la Providence en a décidé autrement ! Etudes, avenir, bonheur. Vains mots ! Sa maladie fit de rapides progrès, ni l'art, ni les soins ne purent la vaincre, et Mathieu Recco, après avoir rempli tous les devoirs de bon chrétien, s'éteignait, hier matin, entre les bras du Seigneur.

Il n'avait que vingt ans ! Ah ! n'allez pas croire que je veuille, en présence de l'immense malheur qui vient de fondre sur cette famille éplorée entreprendre de vaines consolations. Il y a des douleurs qui sont inconsolables, les hommes n'y peuvent rien ; Dieu et la religion peuvent seuls cicatriser de pareilles blessures ! Et toi, ô mon ami, toi qui m'étais si cher à tant de titres, repose en paix ! — Que ton âme, dégagée maintenant de ses liens terrestres, intervienne auprès de l'Être souverainement bon pour adoucir la douleur que cause à ta famille une si grande perte ! Tu es mort de la mort du juste ; et tes prières célestes seront exaucées !

Repose en paix.

Ton souvenir restera vivace parmi nous. Adieu !

# DISCOURS

*PRONONCÉ*

## Par M. ETIENNE TERTIAN

Bachelier ès-lettres, surnuméraire de l'Enregistrement et des Domaines.

---

Messieurs et Chers Camarades,

Il semble que la mort prenne plaisir à choisir ses victimes et une joie cruelle à frapper de rudes coups.

Naguère encore nous avions au milieu de nous ce bien cher ami, nous étions heureux de pouvoir l'entourer de nos plus tendres affections; aujourd'hui qu'avons-nous devant les yeux : une dépouille froide, insensible, ne pouvant plus exprimer une parole, ni tourner les yeux vers un père inconsolable, vers une famille éplorée, vers des parents désolés qu'il adorait et dont il était adoré.

Nous le cherchons encore, cet ami dévoué, nous voudrions lui faire entendre un dernier adieu et le retenir, et chaque pas que nous faisons, nous l'éloigne de nous et pour toujours.

Non : ce n'est pas pour toujours que Mathieu nous a été ravi.

Non! la mort quoique terrible quoique elle accomplisse aujourd'hui son œuvre dévastatrice, ne pourra anéantir le souvenir que notre cher Mathieu nous a laissé.

Elle a pu faucher la tige de cette tendre fleur, elle a pu briser le jeune homme et le jeter dans la nuit du tombeau, mais elle est impuissante à nous le faire oublier.

Sa longue et douloureuse maladie nous ont révélé l'esprit et le cœur, les bontés et les vertus de Mathieu, j'en appelle au témoignage de vous tous qui l'avez connu comme moi ; tous nous avons cru que tant d'amour, que de telles qualités ne devaient pas disparaître en un jour.

N'avons-nous pas souri, à ce moment de répit? n'avons-nous pas senti nos cœurs renaître à l'espérance? Mais la cruelle mort, a voulu, pour ainsi dire se jouer de l'homme, lui faire entrevoir le bel horizon qui s'ouvrait devant lui, afin de rendre ainsi plus mortelle notre douleur, pour creuser un abîme plus profond au cœur d'un père et d'une mère.

Hélas! pas encore vingt ans n'avaient sonné, qu'il lui a fallu quitter ses plus chères affections, renoncer à son brillant avenir!

A peine avait-il approché de ses lèvres la coupe de la vie, alors que tout semblait lui sourire, au moment de réaliser les rêves dorés de la jeunesse qu'il a été cruellement jeté dans la dernière demeure !

Oui cher Mathieu, nous n'aurons plus le bonheur de te posséder, et cette douleur extrême n'est adoucie que par l'assurance que tu es sorti de ce bas monde pour aller habiter notre céleste patrie ; nous avons pour garant ta sainte mort, car tu t'es vraiment endormi dans les bras du Seigneur.

Et maintenant que tu n'es plus, permets-moi, cher et tendre Mathieu, de te dire encore une fois adieu ; puisse ma ferme croyance et ces quelques paroles apporter une légère consolation à ta famille que ta perte vient de jeter dans un océan de douleur.

Ami, adieu !

# DISCOURS

*PRONONCÉ*

## Par M. SAMPIERO PORRI

Bachelier ès-lettres

---

Messieurs,

Je salue le corps inanimé de Mathieu Recco, je salue cette vie cueillie dans sa fleur, je salue mon ami dans son tombeau !

Jeunesse, intelligence, caractère, tout lui promettait une longue carrière ; il est mort, frappé dans son printemps, dans sa sève, dans son essor vers les horizons de ses vingt ans, vers les aspirations de son âme. Un regret, une larme lui est due. Ici, Messieurs, j'éprouve le besoin de m'arrêter devant cette fatalité sans merci, devant ce mal inconnu, implacable, qui moissonne sans relâche, tout ce qu'il y a de jeune, de grand, de généreux, qui flétrit les plus belles fleurs, broie les plus pures existences ! Deux, en deux ans !.... les meilleurs ! Jeunesse, poësie, illusions, horizons épanouis, rêves grandioses, généreux, la mort a tout fauché, tout anéanti sans pitié : elle nous a frappé au cœur !....

Ce que fut Mathieu, nul ne pourrait mieux le dire,

que ceux qui furent ses amis, ceux qu'il chérissait, à qui, il abandonnait son âme, ses rêves, ses espérances ; car ses pensées leur étaient ouvertes, son âme s'électrisait du contact de leur âme. Parmi nous, le doute, Mathieu était la foi ; au milieu de cette jeunesse, impatiente d'aspirations nouvelles, avides de conceptions, de solutions inconnues, cherchant sa voie dans l'humanité, à travers les sciences, les faits, l'histoire, il était croyant, chrétien convaincu. Mais, éclairé et sincère, incapable de haine comme de faiblesse, jamais le sarcasme ne souilla ses lèvres, jamais son esprit ne prononça l'abdication de sa conscience. Devant la robuste foi de cette âme, devant cette jeunesse du cœur, nous nous inclinions, nous admirions. Ses idées, ses illusions, ses croyances, n'étaient pas les nôtres ; mais nos cœurs vibraient à l'unisson, nos âmes se confondaient dans un mutuel élan d'amitié. Il nous rendait justice : il nous aimait ! A une époque comme la nôtre, où les rêves du cœur se flétrissent à chaque pas dans la vie, où les illusions se perdent aux buissons du chemin, cet esprit frappé au coin de la jeunesse et de la poësie, n'aurait été qu'un martyr. Cette épreuve ne lui était pas réservée : il est mort.

La dernière page de cette vie de vingt ans fut sublime : il s'est éteint, le sourire aux lèvres, la croyance au cœur. Ce Dieu qu'il confessait sans jactance et sans faiblesse, en qui il avait placé le but de sa destinée, le sommet de toutes ses croyances, il l'a invoqué avec amour, à sa dernière heure. A vingt ans, la mort n'a pu le faire pâlir !

Messieurs, je salue cette grande âme éteinte.

Au moment, Mathieu, d'adresser à ta dépouille chérie, un suprême et dernier adieu, devant cet immense évanouissement de tout ce qui fut jeunesse, intelligence, amitié, je sens mon âme faiblir, mon espoir s'éteindre. Puissé-je ô mon ami, (c'est le seul souhait que m'inspire cette tombe entr'ouverte, qui va se refermer sur toi,) à l'heure du suprême combat, me reposer, comme toi, souriant et sans crainte, dans le sommeil éternel?...

Adieu, mon ami !......

# DISCOURS

*PRONONCÉ*

## Par M. HUGUES MINIGHETTI

Bachelier ès-lettres

MESSIEURS,

Avant de rendre à la terre ces dépouilles chéries, permettez que je rende un dernier devoir à celui qui fut toujours le plus cher et le plus tendre de mes amis, et que j'essaie de vous faire connaître en peu de mots cette vie si courte mais si bien remplie.

Descendant d'une longue suite d'ancêtres également recommandables par leur position et leurs vertus ; comptant de nombreux parents et amis aux premiers degrés de la hiérarchie sociale, enfant du percepteur de notre ville,

Recco Mathieu naquit à Ajaccio le 28 août 1857. Placé bien jeune au collége Fesch, il s'y fit remarquer dès le début par cet heureux ensemble de qualités qui éveillent l'attention, et gagnent les cœurs.

Il avait été doué d'un jugement droit d'une pénétration vive, d'une mémoire sûre, d'une imagination active.

Une énergie de volonté peu commune jointe à de si beaux talents lui valut de brillants succès ; et lui permit, malgré les fréquentes interruptions qu'une constitution faible imposait à son ardeur, de ceindre chaque année sa tête de lauriers académiques.

Est-il besoin de dire que son application à l'étude, sa bonne conduite et surtout sa modestie lui concilièrent bientôt les sympathies de ses maîtres et de ses condisciples. Comment en effet pouvoir dépeindre son inaltérable douceur. Quelle affabilité ! Quelle tendresse dans ses relations ! Quel charme dans le regard ! Quelle aménité dans les manières et les paroles ! Quelle patience vraiment angélique même en face de la contradiction. Un sourire, telle était le plus souvent son unique réponse aux froideurs les moins justifiées. Loin d'être voué à certains principes antireligieux, il resta toujours ferme et inébranlable dans ses convictions, et sut au milieu des orages de la jeunesse garder sa vertu sans atteinte. Mais cette âme si belle qui faisait concevoir les plus belles espérances était déjà trop mûre pour aller au Ciel.

La mort qui ne pouvait laisser échapper une aussi belle proie l'a frappé dans le cœur au printemps de la vie, plein de jeunesse et d'espérance, alors que l'avenir s'ouvrait à lui avec ses plus douces illusions. Sa maladie Messieurs, fut longue par la durée et par la souffrance, mais ici ma voix s'arrête... ; elle déclare son impuissance à vous d'écrire avec quelle patience et quelle résignation il en a supporté les rigueurs : pas une plainte, pas un murmure mais toujours un sourire d'une suavité céleste. Les yeux fixés sur un crucifix il ne cessait de s'écrier : « Pourquoi Dieu tarde-t-il à m'appeler à lui, je suis tout préparé. » Oui, cher Mathieu, le souvenir de tes vertus vivra éternellement parmi nous, car l'exemple sort de la tombe aussi bien que de la vie.

Protége du haut du Ciel ta mère, ton père, tes sœurs inconsolables ; Prie pour ta tante qui s'est empressée de venir te prodiguer ses soins affectueux, prie pour ton oncle chéri accouru pour recueillir tes dernières paroles ; prie pour ton frère que tu édifiais par tes conseils et ton exemple, prie pour toute cette foule qui se presse autour de ton cercueil, mais n'oublie pas dans tes prières ton fidèle ami qui s'est rendu, pour un instant, l'interprète de la douleur commune et qui vient déposer sur la tombe insensible un dernier baiser avec un dernier adieu.

Adieu, cher Mathieu, adieu !

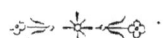

# DISCOURS

*PRONONCÉ*

## Par M. ARNARDI

Instituteur public.

Messieurs,

Des voix plus autorisées que la mienne viennent de retracer, à grands traits, la vie du jeune Recco, Mathieu, enlevé au printemps de la vie, à la tendre affection de ses parents.

Chargé moi-même de son éducation pendant son enfance, ce jeune élève, dont la docilité se faisait remarquer entre tous ses condisciples, avait un grand amour pour l'étude : aussi, fit-il en peu de temps des progrès surprenants pour son âge.

C'est, sans contredit, cette opiniâtreté pour l'étude, — elle ne s'est jamais démentie autant à Bonifacio qu'à Ajaccio où il a laissé les meilleurs souvenirs, — qui est la cause de sa mort.

Tous les soins empressés que sa famille lui a prodigués sans relâche, la nuit comme le jour, n'ont servi qu'à prolonger pour quelque temps de plus son existence.

Le jeune Recco, messieurs, est mort en bon chrétien

après de longues et cruelles souffrances qu'il a endurées avec la plus grande résignation, il s'est éteint dans les bras de ses parents, son âme était mûre pour le Ciel, et Dieu l'a enlevée de cette vallée de larmes.

Résignez-vous, Monsieur Recco, au coup qui vient de vous frapper si cruellement. Il est de ces douleurs, — telle est la vôtre, — que le temps tarde à calmer ; mais au moins que les regrets publics causés par la mort de votre fils chéri et qui se traduisent sur les visages de cette nombreuse assistance adoucissent la perte irréparable que vous venez de faire.

Et vous qui fûtes les condisciples en même temps que les fidèles amis du jeune Recco, que la mort, toujours aveugle dans ses coups, a moissonné hélas! avant l'âge de vingt ans, pleurez sa perte. Vous connaissiez mieux que moi l'aménité de son caractère, la noblesse de ses sentiments, sa préoccupation constante pour élargir le cercle de ses connaissances, enfin l'attachement sincère qu'il avait pour ses amis. Vos pleurs sont le témoignage le plus authentique du chagrin amer que vous éprouvez de vous séparer de sa dépouille mortelle.

Adieu Mathieu ! que la terre te soit à jamais légère ! N'oublie point ta famille plongée dans la plus vive douleur. N'oublie pas non plus tous ceux qui te témoignaient de l'affection.

Encore une fois, adieu !

# UNE MORT EXEMPLAIRE

On lit dans le journal l'*Aigle*, d'Ajaccio, le 30 juin 1877 :

Nous avons la douleur d'annoncer à nos lecteurs la perte cruelle que vient d'éprouver M. Recco, percepteur à Bonifacio, dans la personne de son fils violemment enlevé à la tendre affection de sa famille, à l'âge de 20 ans.

Le jeune Recco était doué des meilleures qualités morales et intellectuelles qui faisaient présager pour lui le plus brillant avenir.

La mort vient de briser ces espérances !

Que la volonté de Dieu soit faite !

Et puissent les regrets unanimes que cette nouvelle ne peut manquer de soulever servir de soulagement à la trop légitime douleur de la famille Recco.

www.ingramcontent.com/pod-product-compliance
Lightning Source LLC
Chambersburg PA
CBHW060624050426
42451CB00012B/2420